NOSSA SENHORA DO PERPÉTUO SOCORRO, MÃE ACOLHEDORA

Coleção **Novenas e Orações**

• Adoração ao Santíssimo Sacramento • Compaixão de Maria (A) – Setenário das dores de Nossa Senhora • Devocionário de Santo Antônio: novena, trezena, orações diversas • Devocionário de São Miguel Arcanjo • Em caminho com o apóstolo São Tiago • Livro do terço das mulheres • Livro do terço dos homens • Manual do cristão: orações diárias • Mistérios do rosário • Nossa Senhora da Conceição Aparecida • Nossa Senhora do Perpétuo Socorro: mãe acolhedora • Nossa Senhora do Perpétuo Socorro: mãe carinhosa • Nossa Senhora do Perpétuo Socorro: mãe companheira • Nossa Senhora do Perpétuo Socorro: mãe do belo amor • Novena ao Espírito Santo • Novena bem-aventurada Albertina Berkenbrock • Novena bem-aventurada Francisca de Paula de Jesus – Nhá Chica • Novena bem-aventurada Lindalva Justo de Oliveira • Novena bíblica de São José • Novena Divina Misericórdia • Novena do Espírito Santo: a cura do coração • Novena e tríduo Santa Rita de Cássia • Novena Frei Galvão • Novena Irmã Dulce • Novena Menino Jesus de Praga • Novena Nossa Senhora Auxiliadora • Novena Nossa Senhora das Graças (Medalha Milagrosa) • Novena Nossa Senhora de Fátima • Novena Nossa Senhora de Nazaré • Novena Nossa Senhora Desatadora de Nós • Novena Nossa Senhora do Carmo • Novena Padre Eustáquio • Novena Padre Pio de Pietrelcina • Novena Rezando com Nossa Senhora do Perpétuo Socorro • Novena Rezando com os anjos • Novena Rezando com São Camilo de Lélis • Novena Rezando com São José • Novena Sagrado Coração de Jesus • Novena Salve, Rainha, Mãe de Misericórdia • Novena Santa Bárbara • Novena Santa Clara • Novena Santa Edwiges • Novena Santa Luzia • Novena Santa Paulina • Novena Santa Teresa de Calcutá • Novena Santa Teresinha do Menino Jesus • Novena Santo Antônio de Categeró • Novena Santo Expedito • Novena São Benedito • Novena São Bento • Novena São Brás • Novena São Cristóvão • Novena São Francisco de Assis • Novena São João Maria Vianney • Novena São João Paulo II • Novena São Jorge • Novena São Judas Tadeu • Novena São Sebastião • Novena São Tarcísio • Ó Virgem piedosa: sete dias em oração • Ofício de Nossa Senhora • Orações à mãe de Jesus • Orações a Santo Antônio: trezena, responsório e outras invocações • Orações ao Espírito Santo • Orações ao Sagrado Coração de Jesus • Orações de esperança para o doente • Orações do cristão – Português-Latim • Orações para todo momento • Pequena coroa de Nossa Senhora • Rosário bíblico do terço dos homens • Rosário das sete dores de Nossa Senhora • Rosário para crianças (O) • Santo rosário (O): terço • Santo rosário de Nossa Senhora (O)

José Grzywacz

NOSSA SENHORA DO PERPÉTUO SOCORRO, MÃE ACOLHEDORA

PAULUS

Coordenação de revisão: *Tiago José Risi Leme*
Revisão: *Caio Pereira*
Tiago José Risi Leme
Jennifer Almeida
Diagramação: *Dirlene França Nobre da Silva*
Capa: *Anderson Daniel de Oliveira*
Imagem da capa: *iStock*
Impressão e acabamento: PAULUS

FSC
www.fsc.org
MISTO
Papel produzido a partir de fontes responsáveis
FSC® C108975

1ª edição, 2016
1ª reimpressão, 2019

Rua Francisco Cruz, 229 • 04117-091 – São Paulo (Brasil)
Tel.: (11) 5087-3700
paulus.com.br • editorial@paulus.com.br

ISBN 978-85-349-4316-1

APRESENTAÇÃO

Conforme as referências históricas, a Novena Perpétua ao ícone (quadro) de Nossa Senhora do Perpétuo Socorro nasceu por volta do ano de 1922, numa igreja dos Estados Unidos. A partir de então, a devoção tornou-se apreciada pelos fiéis que acorrem a muitas igrejas e santuários para celebrá-la semanalmente.

Essa devoção, entretanto, remonta ao fim do século XV, à ilha de Creta, de onde foi raptada, e seu culto foi, posteriormente, implantado em Roma. Contudo, entre devoção, petição e graças, a guerra napoleônica destronou a devoção, sendo ela resgatada há 150 anos, em 1866, pelos Missionários Redentoristas, os quais assumiram a incumbência de "fazê-la conhecida no mundo todo".

Devocionalmente falando, nada é tão interessante como sentir-se protegido no colo da mãe, amparado por sua mão e acompanhado por seu olhar abençoante. Essa é uma das preciosidades da contemplação do ícone bizantino.

O Pe. José Grzywacz, Missionário Redentorista, é pesquisador incondicional dessa devoção mariana conhecida como Nossa Senhora do Perpétuo Socorro. E o livro de sua autoria, que ora apresento, é uma coletânea das dimensões teológicas, históricas, artísticas, místicas e devocionais que estão centradas na "teologia virtual" desse ícone, quando contemplado com o olhar de fé e admiração e devoção mariana.

Pe. Roque Silva Alves, CSsR
Superior vice-provincial

BREVE HISTÓRICO

"Façam-na conhecida no mundo inteiro." Com estas palavras, o papa Pio IX, em 1866, entregou o ícone do Perpétuo Socorro aos Missionários Redentoristas. Desde então, o culto e a devoção a Nossa Senhora do Perpétuo Socorro espalharam-se por todos os continentes. No Brasil, a expressão mais importante da devoção mariana é a celebração da Novena Perpétua, em estados, paróquias e comunidades.

É um jeito bonito e comunitário da celebração com a Palavra de Deus, as preces e os agradecimentos, a catequese mariana, a bênção da saúde e dos objetos religiosos, e a bênção com a imposição das mãos.

Os centros maiores da Novena Perpétua, no Brasil, estão em Curitiba (PR), Campo Grande (MS), Belém (PA), Manaus (AM), Jaguaquara (SP), Teresina (PI).

Na Bahia, temos a Novena Perpétua em Bom Jesus da Lapa, Arraial d'Ajuda, Itabuna, Salvador e em várias outras paróquias e comunidades.

Os Redentoristas da Bahia, filhos espirituais de Santo Afonso, preocupados com o aspecto mariano e devocional, ao pregarem as Santas Missões Populares, tentam implantar a Novena Perpétua nas paróquias missionadas.

E, para ajudar na celebração da Novena Perpétua, para as reflexões catequéticas, preparamos esta coleção de quatro novenas em louvor a Nossa Senhora do Perpétuo Socorro.

Ao venerarmos o ícone do Perpétuo Socorro, podemos dirigir a ele os quatro olhares: histórico, artístico, teológico e místico.

"Mãe do Perpétuo Socorro, ícone do Amor" é o tema do Ano Jubilar, quando, ao olhar para trás, temos gratidão pelos favores que Deus derramou aos devotos da Mãe de Jesus; fazemos o esforço, no presente, para reavivar a celebração da Novena Perpétua, e lançamos o nosso olhar, cheio de esperança, para o futuro. "Todas as gerações me chamarão de bem-aventurada" (Lc 1,48), profetizou Maria no seu canto *Magnificat*. Agora é a nossa vez de sermos discípulos missionários do Senhor, atendendo ao conselho da sua Mãe: "Façam tudo o que ele vos disser" (Jo 2,5).

O que é o ícone?

A palavra "ícone" deriva do termo grego "*eikón*", que significa genericamente "imagem". Todavia, na história da arte e também na linguagem comum, a palavra *ícone* é reservada a uma pintura, geralmente portátil, de gênero sagrado, executada sobre madeira, com uma técnica particular e segundo uma tradição transmitida pelos séculos. A pátria do ícone é o Oriente bizantino.

Existem duas tradições importantes referentes ao início da iconografia que remontam à era dos apóstolos: a que "mostra o Caminho" (uma imagem da Mãe de Deus com Jesus Cristo nos braços, atribuída às mãos do evangelista São Lucas); e a do ícone "não feito por mãos humanas" (ícone da face de Nosso Senhor Jesus Cristo, Mandyllion).

Esses dois ícones prototípicos dão testemunho da Encarnação do Filho de Deus na pessoa de Jesus Cristo e também da deificação da humanidade na pessoa da Mãe de Deus. Diz a lenda que o primeiro ícone de Nossa Senhora do Perpétuo Socorro foi pintado em madeira por São Lucas, no século I, na época em que a Virgem Maria morava em Jerusalém. Revela a tradição que ela viu a pintura com o Menino Jesus aos braços e apreciou muito, abençoando o artista e o seu trabalho. Conforme a lenda, quando Lucas completou o ícone, deu-o de presente ao seu amigo e patrono Teófilo, e viajou em companhia de São Paulo no prosseguimento do trabalho de evangelização.

Criados à sua semelhança, os seres humanos são ícones de Deus, através da virtude, ou seja, não fisicamente, mas através de nossa liberdade, nossa razão, nosso senso de responsabilidade moral e social.

O ícone mais perfeito: a pessoa de Cristo.

O ícone verbal de Cristo: o livro das Sagradas Escrituras.

Um ícone de Deus na Criação: a pessoa humana.

Os ícones representam Jesus Cristo, a Mãe de Deus, os anjos, os santos e outros temas religiosos, mas o ícone é muito mais do que uma simples figuração; somente o acontecimento da encarnação de Nosso Senhor o tornou possível. O ícone é uma janela aberta para a transcendência.

NOVENA PERPÉTUA

A celebração da Novena Perpétua começou no dia 11 de julho de 1922, quarta-feira, na igreja de Santo Afonso, de Saint Louis, nos Estados Unidos, pelo redentorista Pe. André Brown. A Novena Perpétua é um espaço de evangelização em que nossa principal colaboradora é aquela que nós denominamos a estrela da nova evangelização. Como diz o papa Francisco: "Há um estilo mariano na atividade evangelizadora da Igreja. Porque, sempre que olhamos para Maria, voltamos a acreditar na força revolucionária da ternura e do afeto".

É um modo de rezar, contínua e comunitariamente, a Nossa Senhora em união com o mundo inteiro, pois cada região escolhe o seu dia da semana, e a cada hora, em alguma parte do mundo, haverá sempre uma igreja ou capela na qual se celebra essa novena. É um meio de você viver, em sua paróquia, uma vida de comunidade e de Igreja, junto com os irmãos e irmãs, como discípulo missionário do Senhor.

É uma boa oportunidade também para você, imitando a Virgem Maria, ouvir a Palavra de Deus, que ilumina, instrui e alimenta a sua fé.

É, ainda, ocasião para você pedir e agradecer, por intermédio daquela que é a Mãe de Deus e nossa Mãe do Perpétuo Socorro.

Ao fazer a sua novena, não pense só em você, mas recomende a Nossa Senhora as necessidades de todos os que precisam da sua ajuda e socorro.

Objetivo

O objetivo destes quatro livretos, cada um com seu olhar, é ajudar nas celebrações da Novena Perpétua e divulgar a devoção à Mãe do Perpétuo Socorro, pois a Igreja, através do papa Pio IX, confiou aos Redentoristas: "Façam-na conhecida no mundo inteiro". O culto à Mãe do Perpétuo Socorro é uma devoção objetiva, baseia-se numa verdade histórica, e é uma devoção séria, porque transmite as verdades evangélicas e teológicas.

Conforme o ensinamento da Igreja, queremos ajudar a iluminar com a Palavra de Deus a devoção e a piedade mariana.

1. Sob o olhar histórico, apresentar a história do ícone em relação com a história da nossa vida.
2. Sob o olhar artístico, explicar melhor a mensagem que nos transmite o ícone.
3. Sob o olhar teológico, ajudar a enxergar, no ícone, as verdades evangélicas que ele apresenta.
4. Sob o olhar místico, facilitar o contato espiritual com o divino, numa contemplação cristã, através da escuta e da atitude de silenciar-se perante um ícone.

RUMO AOS CEM ANOS DA NOVENA PERPÉTUA

A data exata do Centenário da Novena Perpétua é dia 11 de julho de 2022. Faltam três anos para esse momento. A Novena Perpétua é uma das formas mais marcantes da devoção ao ícone de Nossa Senhora do Perpétuo Socorro. Ela teve início em 11 de julho de 1922, na igreja de Santo Afonso, em São Luís, nos Estados Unidos.

Em 1928, foi batizada com esse nome pelo padre Henrique Sutton, CSsR, porém a Novena Perpétua deve realmente sua origem ao padre André Browne, CSsR, que se inspirou numa reza que a Arquiconfraria vinha fazendo desde 1926 a cada terceiro domingo do mês e que ele considerava insuficiente para satisfazer a devoção dos fiéis. Padre André teve a ideia de repetir esse exercício toda semana, e escolheu a quarta-feira, por ser o dia mais livre. Surgiu, então, um esquema muito similar ao da Arquiconfraria: leitura de pedidos e agradecimentos, colocados previamente sobre o altar, pregação, oração a Nossa Senhora do Perpétuo Socorro e a bênção aos doentes.

Que a coleção Novena e Orações nos inspire, oriente e conduza para que divulguemos e demos o valor devido à Novena Perpétua. Aproveitemos esse tempo para nos preparar para a festa do Centenário.

ROTEIRO DA CELEBRAÇÃO DA NOVENA PERPÉTUA

1. Ritos iniciais

1.1. Hino de Nossa Senhora do Perpétuo Socorro
1.2. Saudação inicial
1.3. Motivação do tema do dia
1.4. Ato penitencial
1.5. Oferecimento e intenções
1.6. Oração a Nossa Senhora do Perpétuo Socorro

2. Tema do dia

2.1. Proclamação do Evangelho
2.2. Leitura do dia — Um olhar
2.3. Conversando — partilha
2.4. Agradecimentos e pedidos
2.5. Mistério do terço
2.6. Ladainha
2.7. Oração de Santo Afonso a Maria

INTRODUÇÃO

Objetivo geral

O objetivo geral deste livrinho é ajudar nas celebrações da Novena Perpétua e divulgar a devoção à Mãe do Perpétuo Socorro, como o papa Pio IX recomendou aos Redentoristas: "Façam-na conhecida no mundo inteiro".

Objetivos específicos

São objetivos concretos:

- Iluminar, com a Palavra de Deus, a nossa devoção e piedade mariana.
- Sob o olhar histórico, conhecer a história do ícone, em relação com a história da nossa vida.
- Sob o olhar artístico, explicar melhor a mensagem que nos transmite o nosso ícone.
- Sob o olhar teológico, aprender a enxergar, em quadros e imagens, as verdades evangélicas e bíblicas que eles contêm.

- Sob o olhar místico, facilitar o contato espiritual com o divino, numa contemplação cristã, através da escuta e da atitude de silenciar-se perante um ícone.

Esquema a ser usado a cada dia da novena

- Oração inicial
  - ✧ Tema do dia
  - ✧ Ato penitencial
  - ✧ Oferecimento e intenções
  - ✧ Oração a Nossa Senhora do Perpétuo Socorro
- Leitura da Palavra de Deus
  - ✧ Leitura do dia
  - ✧ Partilha ou pregação
  - ✧ Ladainha
- Oração final
  - ✧ Agradecimentos e súplicas
  - ✧ Bênção da saúde e da água
  - ✧ Bênção dos objetos religiosos
  - ✧ Consagração a Nossa Senhora

- Exposição do Santíssimo Sacramento
  - ✧ Oração de Santo Afonso a Jesus Sacramentado
  - ✧ Oração ao Santíssimo Sacramento
  - ✧ Bênção final

ORAÇÃO INICIAL

Dirigente: Em nome do Pai e do Filho e do Espírito Santo. Amém. Minhas irmãs e meus irmãos, estamos aqui reunidos com a Mãe de Jesus. Com a Virgem Maria, tudo se refere a Cristo e tudo depende dele.

Apresentação do tema do dia: Motivação

Ato penitencial

Dirigente: Do egoísmo que nos faz esquecer os nossos irmãos...

Todos: **Vinde libertar-nos, Senhor!**

Dirigente: Da indiferença em participar da vida da Igreja e da nossa comunidade...

Todos: **Vinde libertar-nos, Senhor!**

Dirigente: Do orgulho que nos impede de servir aos necessitados...

Todos: **Vinde libertar-nos, Senhor!**

Dirigente: De todos os pecados pelos quais vos negamos amor em nossa vida...

Todos: **Vinde libertar-nos, Senhor!**

(Momento de silêncio para pensar nas próprias falhas e pedir o perdão)

Dirigente: Se confessarmos os nossos pecados, Deus é fiel e justo para nos perdoar e nos purificar de toda a maldade. Que Deus Todo-poderoso tenha compaixão de nós; que ele perdoe os nossos pecados e nos conduza à vida eterna.

Oferecimento e intenções

Dirigente: Ó Mãe do Perpétuo Socorro, nós nos reunimos nesta novena para vos louvar, bendizer e agradecer todas as graças que, por vossa intercessão, temos recebido.

Dirigente: Queremos também pedir por toda a Igreja.

Todos: **Intercedei por nós,**
ó Mãe do Perpétuo Socorro!

Dirigente: Pelos missionários, apóstolos leigos e nossos líderes.

Todos: **Intercedei por nós, ó Mãe do Perpétuo Socorro!**

Dirigente: Pelas vocações sacerdotais e religiosas, pelas famílias.

Todos: **Intercedei por nós, ó Mãe do Perpétuo Socorro!**

Dirigente: Pela paz no mundo.

Todos: **Intercedei por nós, ó Mãe do Perpétuo Socorro!**

Dirigente: Pelos pobres e abandonados, pelos injustiçados e excluídos.

Todos: **Intercedei por nós, ó Mãe do Perpétuo Socorro!**

Dirigente: Pelos doentes e aflitos.

Todos: **Intercedei por nós, ó Mãe do Perpétuo Socorro!**

Dirigente: Pelos agonizantes e as almas do purgatório.

Todos: **Intercedei por nós, ó Mãe do Perpétuo Socorro!**

Dirigente: Pelas nossas intenções particulares.

Todos: **Intercedei por nós, ó Mãe do Perpétuo Socorro!**

(Cada um pode acrescentar outras intenções e pedidos comunitários. É hora de fazer o seu pedido pessoal, em silêncio.)

Oração a Nossa Senhora do Perpétuo Socorro

Ó Mãe do Perpétuo Socorro, / com maior confiança venho hoje diante da vossa santa imagem / para suplicar o vosso socorro. / Não confio nos meus merecimentos / nem nas minhas boas obras, / mas nos infinitos merecimentos do Senhor Bom Jesus, / e no vosso incomparável amor materno. / Vós olhastes, ó Mãe, / as chagas do Redentor / e o sangue dele derramado na cruz / pela nossa salvação. / Esse vosso Filho, morrendo, / deu-nos a vós por Mãe. / Será que não sereis para nós, / como declara o vosso doce nome, / Perpétuo Socorro? / A vós, pois, ó Mãe do Perpétuo Socorro, / pela dolorosa Paixão e Morte do vosso Divino Filho, / pelos incontáveis sofrimentos do vosso coração, ó Corredentora, / suplico com muita confiança / que alcanceis junto ao vosso Filho esta graça, / a qual tanto desejo / e da qual tanto preciso /...

(pedir a graça)

Vós sabeis, ó Mãe bendita, / como o nosso Redentor desejou ardentemente / dar-nos todas as graças da Redenção. / Vós sabeis que esses tesouros / foram depositados em vossas mãos / para que os distribuais entre nós. / Alcançai, pois, / ó minha Mãe do Sagrado Coração de Jesus, / essa graça que nesta novena suplico com humildade, / e eu, com alegria, vou proclamar a vossa misericórdia / por toda a eternidade. Amém.

LEITURA DA PALAVRA DE DEUS

OLHAR TEOLÓGICO

PRIMEIRO DIA DA NOVENA

Tema: O ícone como catequese

Deus nos fala *(Jo 14,1-6)*
Jesus, Caminho que conduz ao Pai.

Não se perturbe o vosso coração! Crede em Deus, crede também em mim. Há muitos lugares na casa do meu Pai. Se não fosse assim, eu vos teria dito, porque vou preparar um lugar para vós. E depois que eu me for e vos tiver preparado um lugar, voltarei e vos levarei comigo. Sabeis o caminho do lugar aonde vou. Tomé lhe disse: "Senhor, não sabemos para onde vais. Como poderíamos, então, conhecer o caminho?". Jesus respondeu: "Eu sou o Caminho, a Verdade e a Vida. Ninguém vai ao Pai senão por mim".

Meditando: Uma catequese mariana.

O ícone do Perpétuo Socorro é mais, muito mais que uma arte; é, antes de tudo, uma mensagem. Diante de um ícone, é necessária uma atitude de fé. Nossa cultura está caracterizada por imagens: a TV, o cinema, a propaganda. Um dito popular diz: "uma imagem vale mais que mil palavras". Nosso ícone nasceu como um meio de catequese mariana. A força pedagógica não só recorda os personagens e os mistérios, mas os presencia. Esse ícone é uma teologia em imagem e uma catequese teológica. A evangelização, durante vários séculos, foi feita principalmente através das imagens.

O quadro do Perpétuo Socorro é um ícone e, por isso, uma catequese. Quem contempla o ícone vê Maria, a única figura que aparece como a Mãe de Deus. Jesus é a pessoa principal do cristianismo, Deus feito homem, o Mestre a quem seguem os cristãos, como discípulos. Cristo, como Redentor, aparece como menino nos braços de sua Mãe. Ela é a Mãe do Cristo redentor e do homem, é a Mãe de toda a Igreja. O nosso ícone é uma mensagem cristã mariana. Através dele, a fé se esclarece, consolida-se a esperança e alimenta-se o amor.

Refletindo: O que é a catequese mariana? Qual é o lugar de Maria nos caminhos de evangelização e na nossa comunidade, em nossa vida? Como entender que não há Maria sem Jesus, nem Jesus sem Maria?

Mistério do terço: Anunciação.

"O anjo Gabriel foi enviado por Deus a uma cidade da Galileia" (Lc 1,26).

Oração de Santo Afonso a Nossa Senhora

Maria é a estrela real do Redentor, caminho seguro para achar o Salvador e a salvação. Ela é o carro que conduz nossas almas a Deus. Mãe querida, levai-me a Deus e, se eu resistir, levai-me à força, usai o vosso poder, obrigai a minha vontade rebelde a renunciar às criaturas e a buscar só a Deus e a sua santa vontade. Maria, podeis fazer que eu seja santo; de vós espero essa graça.

Ritos finais (cf. p. 57)

SEGUNDO DIA DA NOVENA

Tema: A maternidade divina

Deus nos fala *(Lc 2,4-7)*

Nascimento de Jesus.

José subiu da cidade de Nazaré, na Galileia, para a cidade de Davi, que é chamada Belém, na Judeia, porque era da família e da linhagem de Davi, para se registrar com Maria, sua esposa, que estava grávida. Ora, quando estavam lá, chegou o tempo em que ela devia dar à luz. Ela teve seu Filho Primogênito, enrolou-o em paninhos e o colocou numa manjedoura, porque não tinha lugar na hospedaria.

Meditando: Nossa Senhora do Perpétuo Socorro, Mãe de Deus.

A maternidade divina é um dos capítulos centrais de toda a mariologia. Esta é uma das principais verdades que nós, católicos, professamos: "Creio em Jesus Cristo, nascido da Virgem Maria" (Concílio de Éfeso, 431). O ícone do Perpétuo Socorro proclama a maternidade divina (*Theotokos*), o que é expressado pelas letras em abreviaturas: MPΘY, que significa Mãe de Deus. Essas mesmas letras, que estão no alto do quadro, dão o título ao ícone. O Perpétuo Socorro proclama a maternidade divina: Maria está com seu Filho nos braços. A Encarnação abre uma nova história para a humanidade, e Maria é a "entrada" de Cristo para o mundo. A maternidade divina é obra do Espírito Santo. Honrar a Virgem do Perpétuo Socorro significa honrar e venerar a mulher que o próprio Deus honrou e escolheu para ser sua mãe.

Refletindo: Quais são os princípios da nossa fé? O que significa a maternidade divina de Maria? O que se entende por Verbo Encarnado?

Mistério do terço: Visitação de Nossa Senhora a sua prima Isabel.

"Bendita és tu entre as mulheres e bendito é o fruto do teu ventre" (Lc 1,42).

Oração de Santo Afonso a Nossa Senhora

Aproximemo-nos com confiança do trono da graça, a fim de obtermos misericórdia em tempo oportuno. Esse trono é Maria, pela qual Deus nos dispensa todas as graças, pois ela é Mãe de Deus e nossa Mãe. Rainha amabilíssima, já que tendes tão grande desejo de socorrer os pecadores, aqui está um grande pecador que a vós recorre: socorrei-me, poderosamente, socorrei-me sem demora. Mãe de Deus e nossa Mãe, rogai por nós!

Ritos finais (cf. p. 57)

TERCEIRO DIA DA NOVENA

Tema: A realeza de Maria

Deus nos fala *(Is 9,2.5-6)*

Príncipe da Paz.

Multiplicastes o povo, destes-lhe grande alegria; eles alegram-se na tua presença como se alegram os ceifadores na ceifa, como se regozijam os que repartem os despojos. Porque o Menino nasceu, um filho nos foi dado; ele recebeu o poder sobre seus ombros, e lhe foi dado este nome: Conselheiro maravilhoso, Deus forte, Pai eterno, Príncipe da Paz.

Meditando: Maria, Senhora e Rainha.

Olhando o ícone do Perpétuo Socorro, podemos ter o sentimento de contraste: uma impressão de tragédia e paixão, os sinais de morte, cruz, pregos e uma impressão de seriedade e grandeza. Maria tem o rosto triste, porém nobre. Nesse quadro, Maria aparece como Senhora de cabeça erguida, com o rosto sereno e pacífico. Sua roupa também representa a grandeza senhorial; Maria veste a túnica vermelha, a cor da realeza. A coroa é mais um sinal que apresenta Maria como a Rainha. Maria é uma criatura, porém foi elevada ao céu. Cristo é Rei do universo, e a sua Mãe é Rainha universal. O dogma da assunção expressa essa verdade da nossa fé católica. Maria, Mãe do Perpétuo Socorro, é a nossa Rainha espiritual. Jesus disse no Evangelho: "Meu Reino não é deste mundo" (Jo 18,36). A realeza de Maria e a sua coroação por Deus como Rainha dos Céus e da Terra é, para nós, os seguidores de Cristo, um estímulo. O poder e a realeza de Maria são para atender as nossas necessidades.

Refletindo: Quais elementos, em nosso ícone, expressam a realeza de Maria? Quais características do Reino de Deus podemos perceber em nossa comunidade?

Mistério do terço: Coroação de Nossa Senhora para Rainha do céu e da terra.

"Um grande sinal apareceu no céu, uma mulher revestida de sol, com uma coroa de doze estrelas" (Ap 12,1).

Oração de Santo Afonso a Nossa Senhora

A nossa grande Rainha diz: "Comigo estão as grandes riquezas... para enriquecer os que me amam". Amemos, pois, a Maria, se queremos ser ricos de graças. Maria é a tesoureira das graças. Felizes aqueles que recorrem a Maria com amor e confiança. Minha Mãe, minha Rainha, de vós espero todas as graças necessárias. Rainha do céu e da terra, rogai por nós!

Ritos finais (cf. p. 57)

QUARTO DIA DA NOVENA

Tema: Jesus, Redentor da humanidade

Deus nos fala *(At 1,12-14)*
Discípulos juntos de Maria no Cenáculo.

Depois voltaram para Jerusalém e entraram numa casa onde costumavam ficar. Ali estavam Pedro, João, Tiago e André, Filipe e Tomé, Bartolomeu e Mateus, Tiago, filho de Alfeu, Simão, o Zelota, e Judas, filho de Tiago. Todos eles, com algumas mulheres, a mãe de Jesus e seus parentes, persistiam unânimes na oração.

Meditando: A Igreja.

O ícone do Perpétuo Socorro é uma catequese de redenção, uma catequese sobre o Cristo Redentor. O ato maior da redenção é a morte como gesto divino de solidariedade do Filho de Deus com a humanidade. O Redentor ressuscitado é a primícia da nova humanidade, do homem novo. Por seu sim, Maria é a primeira redimida. Em janeiro de 1993, o papa João Paulo II convidou todos a "abrir as portas ao Redentor". O ícone do Perpétuo Socorro quer abrir as portas à redenção, onde Maria é a porta de entrada para o Redentor, e o Redentor é a verdadeira salvação. Ele é o Caminho, a Verdade e a Vida.

Refletindo: O que significa: por Maria a Cristo e por Cristo ao Pai? Qual é o apelo do papa hoje, e como cumpri-lo? Qual é o papel de Maria na Igreja?

Mistério do terço: Apresentação de Jesus no Templo.

"Levaram Jesus a Jerusalém, para a apresentação ao Senhor" (Lc 2,22).

Oração de Santo Afonso a Nossa Senhora

Ditoso o homem que vela cada dia à entrada da minha casa, e se conserva à minha porta. Felizes aqueles que, imitando o exemplo dos pobres às portas dos ricos, não cessam de pedir a esmola de alguma graça às portas da misericórdia de Maria. E mais feliz ainda aquele que procura imitar as suas virtudes que descobre em Maria. Maria, minha esperança, socorrei-me!

Ritos finais (cf. p. 57)

QUINTO DIA DA NOVENA

Tema: Maria, Mãe da humanidade

Deus nos fala *(Mt 2,2.10-11)*

A visita dos magos.

Os magos perguntaram: "Onde está o recém-nascido rei dos Judeus? Pois vimos a sua estrela no Oriente e viemos prestar-lhe uma homenagem". Quando viram a estrela, sentiram uma grande alegria. Entrando na casa, viram o menino com Maria, sua Mãe, e prostrados lhe prestaram homenagem.

Meditando: A estrela.

Quando se dá o nome ao ícone do Perpétuo Socorro, se diz "Mãe" do Perpétuo Socorro e "Virgem Nossa Senhora" do Perpétuo Socorro. A Virgem do Perpétuo Socorro, antes de tudo, é a Mãe, Mãe espiritual da humanidade. No ícone do Perpétuo Socorro, Maria aparece como Mãe de Jesus. Ser Mãe de Cristo é também ser a Mãe daqueles que são membros da Igreja que ele fundou. Maria é Mãe do Redentor e essa maternidade biológica se converte em maternidade espiritual de todos os redimidos.

O ícone, através do olhar de Maria, dá a impressão de que ela está mais preocupada com os demais do que com o seu próprio Filho. A maternidade espiritual foi concedida por Jesus como o testamento da cruz (Jo 19,26-27).

Maria é Mãe dos crentes porque João é o símbolo, um tipo de seguidor de Cristo. Maria, Mãe da humanidade, é o título proclamado pelo papa Paulo VI em 1964: "Proclamamos Maria Mãe da Igreja, quer dizer, Mãe do povo de Deus". Deus nos transmite o seu amor de Pai através do amor da Mãe.

Refletindo: Quando Maria se tornou a Mãe da humanidade? Percebemos

Maria como uma estrela? Que caminho ela nos mostra? Quem é o Povo de Deus?

Mistério do terço: O encontro de Jesus no Templo.

"Quando Jesus completou doze anos, os pais subiram a Jerusalém para a festa da Páscoa. Ao voltarem, o menino ficou no templo, sem que seus pais soubessem. Só depois de três dias o encontraram no templo" (Lc 2,42-43,46).

Oração de Santo Afonso a Nossa Senhora

Que alívio, que consolação eu sinto, que força nas tribulações, quando penso em vós; eu vos chamo em meu auxílio, Maria, Mãe santa. Os santos vos chamam "o porto dos aflitos", "o fim das nossas lágrimas". Maria, consolai-me; mas a consolação que eu desejo é começar uma vida verdadeiramente agradável a vosso Filho e a vós. Fazei-me outro, Maria, minha Mãe, fazei-me outro, pois vós o podeis.

Ritos finais (cf. p. 57)

SEXTO DIA DA NOVENA

Tema: A Virgem da Paixão

Deus nos fala *(Lc 2,33-35)*
A profecia de Simeão.

Seu pai e sua mãe estavam admirados com tudo o que foi dito a respeito do menino. Simeão os abraçou e disse a Maria, sua mãe: "Eis que este menino está destinado à ruína e ao reerguimento de muitos em Israel. Ele deve ser um alvo de contradição. E quanto a ti mesma, uma espada transpassará a tua alma".

Meditando: A dor.

O ícone do Perpétuo Socorro pertence ao grupo dos ícones da Paixão. Como podemos perceber, o rosto de Maria expressa dor e tristeza, porque a Paixão, tanto para Jesus como para Maria, foi dolorosa.

A dor e a morte são temas importantes na vida dos cristãos; fazem parte da redenção do homem. Nosso ícone apresenta a Paixão com realismo: os anjos seguram os instrumentos do Calvário, o que assusta o Menino Jesus, e ele fica atemorizado. Conhecendo o futuro de seu Filho, Maria sofre como sofreria qualquer mãe, vendo o filho passar pelas torturas e pela imensa dor. Tendo participado dos sofrimentos e das dores do Cristo, que é o nosso Redentor, Maria pode ser chamada a Virgem da Paixão e a "Mãe das Dores".

Refletindo: Por que Maria é chamada de Mãe das Dores? Em que se expressa o realismo da Paixão em nosso ícone? Nós temos medo de quê? O que nos assusta, e por quê?

Mistério do terço: Morte de Jesus na cruz.

"Jesus, vendo sua mãe e perto dela o discípulo que amava, disse à sua mãe:

'Mulher, eis aí teu filho'. Depois disse ao discípulo: 'Eis aí tua mãe'" (Jo 19,26-27).

Oração de Santo Afonso a Nossa Senhora

A poderosa e compassiva caridade da Mãe de Deus distingue-se, ao mesmo tempo, pela ternura da sua compaixão e pela eficácia da sua proteção. Essas duas coisas são igualmente imensas. Hoje, portanto, e todos os dias de minha vida, vos invocarei... Senhora, protegei-me nos combates, fortificai-me nos desfalecimentos. Sim, Maria, na grande luta que sustento contra o inferno, socorrei-me sempre. Minha esperança, minha fortaleza, meu refúgio, ó Maria, não permitais que eu perca jamais a graça de Deus. Estou resolvido a recorrer sempre e prontamente a vós em todas as tentações, dizendo: "Socorrei-me, ó Maria, socorrei-me!".

Ritos finais (cf. p. 57)

SÉTIMO DIA DA NOVENA

Tema: A Assunção

Deus nos fala *(Ap 12,1.13-14)*
Visão da mulher e do dragão.

Um grande sinal apareceu no céu: uma mulher revestida de sol, com a lua debaixo de seus pés, e uma coroa de doze estrelas na cabeça. O dragão, vendo que havia sido derrubado na terra, perseguiu a mulher que havia dado à luz um homem. E as duas grandes asas da águia foram dadas à mulher, para que ela voasse para o deserto, onde ela é alimentada por um tempo, longe da serpente.

Meditando: Os anjos.

No ícone do Perpétuo Socorro, aparecem dois anjos, que nos lembram a verdade bíblica e tradicional da Igreja: a existência de anjos, comunicadores da vontade de Deus para os homens. Os anjos que estão dos dois lados de Nossa Senhora são os guardas do Redentor e de sua mãe, Maria. À direita, São Miguel, e à esquerda, São Gabriel. Os anjos recordam-nos a sua missão; na infância de Jesus, várias vezes se fez presente um anjo. Os anjos são as criaturas de Deus, criaturas espirituais, adotam a forma humana só quando se comunicam com as pessoas. Fala-se de vários grupos de anjos: anjos, arcanjos, dominações, querubins, serafins, anjos bons que nos ajudam e anjos maus que nos tentam. A existência dos anjos não é uma lenda ou imaginação, mas verdadeiramente bíblica e teológica, uma verdade da nossa fé. O ícone do Perpétuo Socorro é para nós uma lição de angelologia, uma lição sobre anjos como mensageiros de Deus. Nós podemos nos sentir assistidos por eles. A tradição fala de um anjo para cada pessoa, o anjo da guarda. Os anjos estão voltados à Virgem Maria, que pode ser chamada Virgem do Perpétuo Socorro e Rainha dos Anjos.

Refletindo: Qual é o nosso destino definitivo? Pedir ajuda ao anjo da guarda é uma devoção ou superstição? Qual é a missão e a função do anjo?

Mistério do terço: Assunção de Nossa Senhora.

"Aquela que Deus predestinou, também chamou; e os que chamou, também justificou; e os que justificou, também glorificou" (Rm 8,30).

Oração de Santo Afonso a Nossa Senhora

Senhora muito amável, toda a Igreja vos chama e saúda: esperança nossa. Portanto, vós que sois a esperança de todos, sede também minha esperança. São Bernardo vos chamava "o fundamento da sua esperança", e acrescentava: "aquele que desespera, ponha em vós a sua esperança". Por isso, quero dizer-vos também eu: "Maria, minha Mãe, em vós ponho a minha esperança. Maria, Mãe Assunta, rogai a Jesus por mim".

Ritos finais (cf. p. 57)

OITAVO DIA DA NOVENA

Tema: Maria como Medianeira

Deus nos fala *(Lc 1,38-45)*
Visitação de Maria a Isabel.

Maria disse: "Eis aqui a serva do Senhor. Seja-me feito segundo a tua palavra". Naqueles dias, Maria se dirigiu às pressas a uma cidade da Judeia. Entrou na casa de Zacarias e saudou Isabel. Quando Isabel ouviu a saudação, o menino saltou em seu seio, e ela ficou cheia do Espírito Santo. Então exclamou em voz alta: "Bendita és tu entre as mulheres e bendito é o fruto do teu ventre! De onde me vem a felicidade de que a mãe do meu Senhor venha me visitar? Sim, feliz é aquela que acreditou na realização do que lhe foi dito da parte do Senhor!".

Meditando: O católico.

Maria é Medianeira da graça entre Cristo e todos que necessitam de um socorro perpétuo do céu. Maria é intercessora a favor das pessoas, tem em seus braços o seu Filho e intercede perante Deus por todos. Ela é Medianeira através da oração e súplica. Nós não podemos cair no erro pensando que Maria substitui Cristo perante Deus. Temos um só Deus e um só Mediador entre Deus e o seu povo, Cristo Jesus. Maria é Medianeira pela graça do seu Filho, é Medianeira orante. Não é a função de Maria conceder-nos favores materiais, como se ela existisse para agradar nossos caprichos. A intercessão tem como finalidade ajudar e facilitar o encontro pessoal entre Deus e os homens. A mediação cristã é uma só, a de Jesus, e ela, porém, admite outras mediações, a de Maria e a dos Santos. O primeiro que formulou a tese sobre a mediação de Maria foi Santo Afonso. O nosso ícone transmite a mediação de Maria; com essa verdade teológica e popular, cada um de nós se sente mais seguro e mais socorrido com a ajuda de Maria.

Refletindo: Qual é a missão do católico? Para nós, católicos, é justo rezar a Deus por intercessão de Maria? Você já foi intercessor(a) em algum caso?

Mistério do terço: Vinda do Espírito Santo.

"De repente veio do céu um barulho que parecia um furacão e invadiu toda a casa. Todos ficaram cheios do Espírito Santo" (At 2,2-4).

Oração de Santo Afonso a Nossa Senhora

Se alguém é pequeno, venha a mim. Maria convida todas as criancinhas que têm necessidade de mãe a recorrerem a ela como a mais amorosa que é de todas as mães. Minha Mãe, Mãe de minha alma, que me amais e que desejais a minha salvação, mostrai que sois minha Mãe. Minha Mãe, fazei que eu me lembre sempre de vós.

Ritos finais (cf. p. 57)

NONO DIA DA NOVENA

Tema: Maria, Mãe do Perpétuo Socorro

Deus nos fala *(Jo 2,1-5.9-11)*

As bodas de Caná.

Três dias depois, celebrou-se um casamento em Caná e ali estava a mãe de Jesus. Jesus e seus discípulos também foram convidados para esse casamento. Como o vinho estava acabando, a mãe de Jesus lhe disse: "Eles não têm mais vinho". Jesus respondeu: "Mulher, que temos a ver com isso? Minha hora ainda não chegou". Sua mãe disse aos serventes: "Fazei tudo o que ele vos disser". Jesus disse: "Enchei de água essas talhas". Encheram-nas até a boca. O chefe de serviço provou da água mudada em vinho, mas não sabia qual era a sua ori-

gem, e falou com o noivo: "Toda gente serve primeiro o vinho bom. Quando os convidados já estão alegres por causa do vinho, serve o de qualidade inferior. Tu, porém, guardaste o melhor vinho até agora!". Desse modo, Jesus começou em Caná os milagres e revelou a sua glória. E os seus discípulos creram nele.

Meditando: O Socorro.

As invocações, os nomes de Nossa Senhora dependem de muitos motivos, sobretudo motivos históricos e o lugar da aparição de Maria (exemplo: Lourdes e Fátima), como também do encontro de uma imagem (exemplo: caso de Nossa Senhora Aparecida). A invocação ao nome de Maria Mãe do Perpétuo Socorro é uma síntese, um resumo doutrinal sobre a relação entre Maria e as pessoas. Todas as verdades de salvação que a mariologia inclui se resumem nesta expressão: Mãe do Perpétuo Socorro. Nós todos temos uma proteção constante de Maria. A ajuda e o socorro de Nossa Senhora são universais e se estendem a todos os tempos, lugares e necessidades. O Concílio Vaticano II, a voz da Igreja, invoca a Santíssima Virgem com os títulos: Advogada, Auxiliadora, Medianeira e Mãe do Socorro (*Lumen Gentium*, 62). O título do ícone, Mãe do Perpétuo Socorro, é uma instrução teológica inspirada pelo Espírito Santo. A misericórdia de Deus se faz presente nas necessidades do homem através do perpétuo socorro de Maria. Cada cristão neste vale de lágrimas da humanidade pode se sentir acompanhado por ajuda, intercessão e socorro da Mãe de Deus e dos homens. Em cada lugar e em todas as circunstâncias da vida, a Virgem Maria é para todos nós um perpétuo socorro.

Refletindo: Por que Nossa Senhora do Perpétuo Socorro é uma invocação universal? Qual é o socorro de que você precisa? Que atuação Jesus quer que tenhamos em nossa comunidade?

Mistério do terço: Nascimento de Jesus.

"Quando estavam em Belém, chegou o tempo em que ela deveria dar à luz. Ela

envolveu o seu filho em paninhos e o colocou em uma manjedoura" (Lc 2,6-7).

Oração de Santo Afonso a Nossa Senhora

Rainha cheia de ternura e piedade, Senhora amável, que bela confiança eu tenho quando a vós recorro. Vós não examinais merecimentos daqueles que recorrem a vossa bondade, mas dai vossa assistência a todos os que a imploram. Se, pois, vos invoco, haveis de escutar-me. Ouvi, então, esta minha súplica: eu sou um pobre pecador, que o inferno mil vezes tenho merecido; mas quero mudar de vida, quero amar o meu Deus, a quem tanto tenho ofendido. Salvai aquele que é vosso e já não pertence a si mesmo. Senhora minha, espero que não só me tenhas ouvido, mas também atendido. Maria, eu sou vosso, salvai-me.

Ritos finais (cf. p. 57)

RITOS FINAIS

(para todos os dias da novena)

Agradecimentos

Todos respondem: **Obrigado a vós, ó Mãe do Perpétuo Socorro.**

Dirigente:

- pela cura dos doentes
- pelos consolados em angústias
- pelos salvos no desespero
- pela luz e coragem nas dúvidas
- pelos libertos da escravidão do pecado
- pelos atendidos em súplica
- pela misericórdia a nós concedida
- pelo vosso amor maternal
- pela vossa bondade incomparável
- por todas as graças a nós e aos outros concedidas

Súplicas

Todos respondem: **Suplicamos a vós, ó Mãe do Perpétuo Socorro.**

Dirigente:

- para que cureis os doentes
- pelos tristes, para que os consoleis
- pelos que choram, para que lhes enxugueis as lágrimas
- pelos pecadores, para que alcancem arrependimento
- para que atendais todos os nossos pedidos

Bênção da saúde

Dirigente: O Senhor esteja convosco!

Todos: **Ele está no meio de nós!**

Dirigente: Senhor Jesus Cristo, uni aos acontecimentos da vossa Paixão e Ressurreição os sofrimentos e as dores de todos os que padecem e estão doentes.

Todos: **Fazei que compreendam, Senhor, que não estão sozinhos nem são inúteis, mas estão crucificados convosco para a salvação do mundo.**

Dirigente: Senhor, que curastes tantos enfermos, se for da vontade do Pai, restituí a saúde aos nossos irmãos que padecem.

Todos: **Senhor, tende piedade de nossos doentes!**

Dirigente: Olhai com bondade para as pessoas idosas que sofrem na solidão ou na doença. Que sejam amparadas pela caridade fraterna!

Todos: **Pedimos por aqueles que se acham em perigo de vida ou que nestes dias deverão passar deste mundo para a eternidade. Que a vossa presença amiga e certa alcance para eles o perdão, a esperança e a salvação.**

Dirigente: Os remédios são os meios que a vossa Providência concede para a recuperação da saúde. Iluminai, pois, os médicos e todos os que se dedicam aos enfermos, para que descubram os recursos adequados ao seu tratamento.

Todos: **Senhor, escutai a nossa prece!**

Dirigente: Ó Deus, nosso Pai, por intercessão de Nossa Senhora do Perpétuo Socorro, e de todos os santos, fazei descer sobre os vossos filhos e filhas, aqui reunidos, e sobre todos os doentes e os que estão sofrendo, a vossa bênção salvadora — *estendendo a mão* —

Deus Pai vos dê a sua bênção. **Amém.**
Deus Filho conceda a saúde aos enfermos. **Amém.**
Deus Espírito Santo ilumine a todos. **Amém.**

Bênção da água

Dirigente: Bendigamos ao Senhor por todos os bens da natureza, especialmente pela água.

Todos: **Bendito seja Deus para sempre!**

Dirigente: Bendigamos ao Senhor pela água do batismo, que nos torna filhos de Deus.

Todos: **Bendito seja Deus para sempre!**

Dirigente: Abençoai, Senhor, pela intercessão de Nossa Senhora do Perpétuo Socorro, esta água que vossos filhos e filhas aqui trouxeram. Que seu uso leve todos a cumprir a vontade do Pai. Seja ela, em suas casas, um sinal de vossa presença salvadora! Seja também um motivo de fé e confiança.

Abençoai, Senhor, as mães que esperam o nascimento de seus filhinhos, a fim de que alcancem a graça de levá-los sãos e salvos às águas do batismo. Em nome do Pai e do Filho e do Espírito Santo. **Amém.**

Bênção dos objetos religiosos

Dirigente: O Senhor esteja convosco!

Todos: **Ele está no meio de nós!**

Dirigente: Ó Deus, cuja palavra santifica todas as coisas, lançai a vossa bênção sobre nós. Concedei que todo aquele que vai usar esses objetos da nossa devoção de acordo com a vossa vontade e pela invocação do vosso nome, receba de vós a saúde do corpo e a proteção da alma. Por Cristo, nosso Senhor. **Amém.** *(segue a aspersão com a água benta)*

Consagração a Nossa Senhora do Perpétuo Socorro

Ó Maria, já que, para dar-me confiança, quisestes chamar-vos Mãe do Perpétuo Socorro, eu não sou digno de ser colocado no número de vossos servos. Desejando, porém, participar dos benefícios e efeitos de vossa misericórdia, prostrado diante de vosso trono, consagro-vos a minha inteligência, para pensar sempre no amor que mereceis; consagro-vos a minha língua, para louvar as vossas maravilhas e propagar a vossa devoção; consagro-vos o meu coração, para amar-vos, depois de Deus, sobre todas as coisas. Aceitai-me, ó grande Rainha, no venturoso número dos vossos servos e devotos; tomai-me debaixo de vossa proteção, socorrei-me em todas as necessidades espirituais e temporais. Abençoai-me, ó minha Mãe, e, com a vossa poderosa proteção, ajudai a minha fraqueza, para que, servindo-vos fielmente nesta vida, possa, na outra, louvar-vos e agradecer eternamente. Amém.

Bênção final

Dirigente: O Senhor esteja convosco!

Todos: **Ele está no meio de nós!**

Dirigente: Nosso Senhor Jesus Cristo esteja perto de vós para vos defender. **Amém.**

Esteja em vosso coração para vos conservar. **Amém.**
Que ele seja vosso guia para vos conduzir. **Amém.**
Olhe para vós e sobre vós derrame a sua bênção. **Amém.**

Em nome do Pai e do Filho e do Espírito Santo. **Amém.**

VÁRIAS ORAÇÕES

Hino de Nossa Senhora do Perpétuo Socorro

Socorrei-nos, ó Maria,
noite e dia, sem cessar.
Os doentes e aflitos,
vinde todos consolar.

Vosso olhar a nós volvei!
Vossos filhos protegei!
Ó Maria! Ó Maria!
Vossos filhos socorrei!

Visitai os que padecem,
aliviando-lhes a dor.
A nós todos, volvei hoje
um olhar cheio de amor.
Dai saúde ao corpo enfermo;
dai coragem na aflição!
Sede nossa doce estrela
a brilhar na escuridão.

Convertei os pecadores,
que eles voltem para Deus.
A nós todos, sede guia,
no caminho para o céu.

Ladainha de Nossa Senhora do Perpétuo Socorro

Senhor, tende piedade de nós.
Jesus Cristo, compadecei-vos de nós.
Senhor, tende piedade de nós.
Jesus Cristo, ouvi-nos.
Jesus Cristo, escutai-nos.
Deus Pai Celestial,
tende piedade de nós.
Deus Filho Redentor do mundo,
tende piedade de nós.
Deus Espírito Santo, tende piedade de nós.

Santa e Imaculada Virgem Maria,
concedei-nos vosso perpétuo socorro.
Mãe de Deus,
Mãe de Misericórdia,
Mãe do Onipotente,
Trono da Clemência Divina,
Mediadora de nossa salvação,
Arca da paz eterna,
Reparadora de nossos desastres,
Apoio da Igreja,
Amparo de nossa fé,
Poder invencível contra o inferno,
Guia dos cristãos,

Amante dos corações puros,
Âncora de nossa confiança,
Recurso dos oprimidos,
Providência dos pobres,
Força dos fracos,
Saúde dos doentes,
Advogada dos pecadores,
Esperança dos desesperados,
Protetora das famílias,
Guarda da infância,
Mãe dos órfãos,
Senhora dos nossos destinos,
Rainha do céu e da terra.

Cordeiro de Deus que tirais o pecado do mundo, tende piedade de nós!
Cordeiro de Deus que tirais o pecado do mundo, tende piedade de nós!
Cordeiro de Deus que tirais o pecado do mundo, dai-nos a paz!
Rogai por nós, Santa Mãe de Deus, para que sejamos dignos das promessas de Cristo. **Amém.**

Ladainha de Nossa Senhora I

Senhor, tende piedade de nós. (2x)
Jesus, tende piedade de nós. (2x)

Senhor, tende piedade de nós. (2x)
Santa Mãe de Deus, *rogai por nós.*
Santa Virgem das virgens,
Mãe de Jesus Cristo,
Mãe da divina graça,
Mãe puríssima,
Mãe castíssima,
Mãe imaculada,
Mãe intacta,
Mãe amável,
Mãe admirável,
Mãe do bom conselho,
Mãe do Perpétuo Socorro,
Mãe do Criador,
Mãe do Salvador,
Virgem venerável,
Virgem louvável,
Virgem poderosa,
Virgem benigna,
Virgem fiel,
Espelho da justiça,
Sede da sabedoria
Causa de nossa alegria,
Arca da aliança,
Porta do céu,
Estrela da manhã,
Saúde dos enfermos,
Refúgio dos pecadores,

Consoladora dos aflitos,
Rainha dos anjos,
Rainha dos profetas,
Rainha dos apóstolos,
Rainha dos mártires,
Rainha de todos os santos,
Rainha assunta ao céu,
Rainha do santo rosário,
Rainha da paz.

Cordeiro de Deus que tirais o pecado do mundo, tende piedade de nós!
Cordeiro de Deus que tirais o pecado do mundo, tende piedade de nós!
Cordeiro de Deus que tirais o pecado do mundo, dai-nos a paz!
Rogai por nós, Santa Mãe de Deus, para que sejamos dignos das promessas de Cristo. **Amém.**

Ladainha de Nossa Senhora II

Senhor, tende piedade de nós. (2x)
Jesus, tende piedade de nós. (2x)
Senhor, tende piedade de nós. (2x)

Santa Mãe de Deus, *rogai por nós.*
Mãe do Salvador,
Mãe do Libertador,

Mãe do Ressuscitado,
Mãe da Igreja,
Mãe de todos os que creem,
Mãe dos famintos,
Mãe dos desabrigados,
Mãe dos desterrados,
Mãe dos pobres,
Mãe dos oprimidos,
Mãe dos perseguidos,
Mãe dos que lutam pela justiça,
Mãe dos operários,
Mãe dos agricultores,
Mãe dos trabalhadores,
Mãe dos desempregados,
Mãe dos fracos,
Mãe das viúvas,
Mãe de todas as mães,
Mãe dos órfãos,
Modelo das filhas,
Modelo das donas de casa,
Refúgio dos pecadores,
Saúde dos enfermos,
Cantora da liberdade,
Rainha do amor,
Rainha da esperança,
Rainha da paz,
Mãe do Perpétuo Socorro.

Cordeiro de Deus que tirais o pecado do mundo, tende piedade de nós!
Cordeiro de Deus que tirais o pecado do mundo, tende piedade de nós!
Cordeiro de Deus que tirais o pecado do mundo, dai-nos a paz!
Rogai por nós, Santa Mãe de Deus, para que sejamos dignos das promessas de Cristo. **Amém.**

Salve-Rainha

Salve, Rainha, mãe de misericórdia, vida, doçura e esperança nossa, salve! A vós bradamos os degredados filhos de Eva. A vós suspiramos, gemendo e chorando neste vale de lágrimas. Eia, pois, advogada nossa, esses vossos olhos misericordiosos a nós volvei, e depois deste desterro, mostrai-nos Jesus, bendito fruto do vosso ventre. Ó clemente, ó piedosa, ó doce sempre Virgem Maria. Rogai por nós, Santa Mãe de Deus. Para que sejamos dignos das promessas de Cristo. Amém.

Oração do terço

(O importante na oração do terço é a meditação sobre os mistérios da vida de Jesus Cristo e de

Nossa Senhora. Esses mistérios são vinte, divididos em quatro partes.)

Mistérios gozosos: contemplam a infância de Jesus. *(segunda-feira e sábado)*

Primeiro Mistério: *Anunciação do anjo Gabriel a Maria* (Lc 1,26-38).
Segundo Mistério: *Maria visita a sua prima Isabel* (Lc 1,39-56).
Terceiro Mistério: *Nascimento de Jesus em Belém* (Lc 2,1-15).
Quarto Mistério: *Apresentação de Jesus no Templo* (Lc 2,22-35).
Quinto Mistério: *Encontro de Jesus no Templo* (Lc 2,41-52).

Mistérios luminosos: contemplam a vida pública de Jesus. *(quinta-feira)*

Primeiro Mistério: *Batismo de Jesus no rio Jordão* (Mc 3,13-17).
Segundo Mistério: *Jesus faz o seu primeiro milagre nas bodas de Caná* (Jo 2,1-11).
Terceiro Mistério: *Jesus proclama o Reino de Deus* (Mc 1,14-15).
Quarto Mistério: *Transfiguração de Jesus* (Mt 17,1-8).

Quinto Mistério: *Instituição da Eucaristia* (Mt 26,26-29).

Mistérios dolorosos: contemplam a Paixão de Jesus. *(terça-feira e sexta-feira)*

Primeiro Mistério: *A agonia de Jesus no jardim das Oliveiras* (Mt 36,36-56).
Segundo Mistério: *Jesus é torturado por ordem de Pilatos* (Mc 15,16-20).
Terceiro Mistério: *Jesus é condenado à morte* (Mc 15,6-15).
Quarto Mistério: *Jesus carrega a cruz* (Lc 23,16-31).
Quinto Mistério: *Jesus é crucificado* (Lc 23,33-46).

Mistérios gloriosos: contemplam a Ressurreição de Jesus. *(quarta-feira e domingo)*

Primeiro Mistério: *A ressurreição de Jesus* (Lc 24,1-12).
Segundo Mistério: *A ascensão de Jesus* (At 2,1-14).
Terceiro Mistério: *A vinda do Espírito Santo* (At 2,1-14).
Quarto Mistério: *Maria é assunta ao céu* (Jo 2,1-11).

Quinto Mistério: *Coroação de Nossa Senhora* (Ap 12,1-18).

Oração do Anjo do Senhor

S: O Anjo do Senhor anunciou a Maria:

T: E ela concebeu do Espírito Santo.

S: Ave, Maria... **T:** Santa Maria...

S: Eis aqui a Serva do Senhor:

T: Faça-se em mim segundo a vossa Palavra!

S: Ave, Maria... **T:** Santa Maria...

S: E o Verbo se fez carne:

T: E habitou entre nós.

S: Ave, Maria... **T:** Santa Maria...

S: Rogai por nós, Santa Mãe de Deus.

T: Para que sejamos dignos das promessas de Cristo.

Oremos: Infundi, Senhor, nós vos pedimos, a vossa graça em nossos corações, para que nós, que conhecemos pela anunciação do anjo a Encarnação de Jesus Cristo, vosso Filho, por sua Paixão e morte na cruz, cheguemos à glória da Ressurreição. Pelo mesmo Cristo, nosso Senhor. Amém.

Os detalhes do ícone

Abreviatura de "Arcanjo São Miguel":
Ele apresenta a lança, a vara com a esponja e o cálice da amargura.

Abreviatura de "Arcanjo São Gabriel":
Ele segura a cruz e os cravos, instrumentos da morte de Jesus.

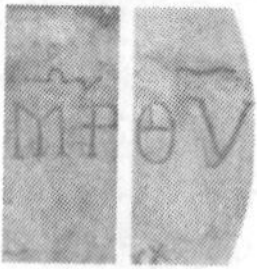

Abreviatura grega de "Mãe de Deus".

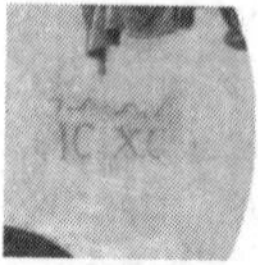

Abreviatura de "Jesus Cristo".

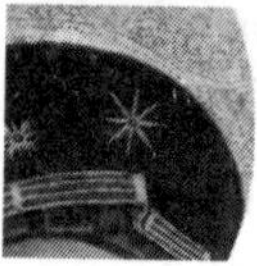

A estrela no véu de Maria:
Ela é a estrela-guia que nos conduz, como conduziu os reis magos ao encontro com Jesus, que nos guia no mar da vida até o porto da salvação.

Os olhos de Maria, grandes, voltados sempre para nós, a fim de acolher-nos e ver todas as nossas necessidades.

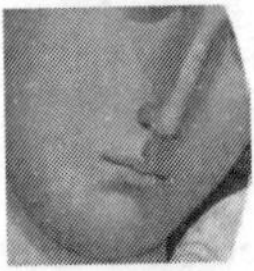

A boca de Maria guarda silêncio. Ela, que falava pouco, comunica muito com o seu olhar sereno. Guarda tudo em seu coração.

A túnica vermelha distinguia as virgens do tempo de Nossa Senhora. Sinal de pureza, mas também da força da fé.

O manto azul: referência às mães daquela época. Maria é a virgem-mãe de Deus.

As mãos de Jesus apoiadas nas mãos de Maria, significando confiança total.

A mão esquerda de Maria sustenta Jesus. A mão que apoia, acolhe e protege aqueles que, nos sustos da vida, correm para os braços da Mãe.

A sandália desatada. Nos desesperos da vida, assustados pelas dificuldades e medos, corremos o risco de perder-nos. Mas resta ainda um fio que nos une à salvação.

O centro do ícone. Maria, ao mesmo tempo em que nos acolhe com seu olhar, com a mão aberta nos indica Jesus Cristo como nosso Redentor, nosso Perpétuo Socorro.

O fundo todo do quadro é dourado e dele saem reflexos ressaltando as roupas e simbolizando a alegria do céu, para onde caminhamos levados pelo Perpétuo Socorro de Maria.

Cronologia do ícone de Nossa Senhora do Perpétuo Socorro

Século I — Uma lenda diz que o primeiro ícone de Nossa Senhora do Perpétuo Socorro foi pintado em madeira por São Lucas, no século I, na época em que a Virgem Maria morava em Jerusalém.

1422-1499 — Entre os poucos artistas conhecidos que pintaram ícones da Virgem da Paixão, os historiadores da arte sacra destacam André Rizo de Cândia (1422-1499), da escola cretense. De acordo com vários estudiosos, o quadro de Nossa Senhora do Perpétuo Socorro pertence a essa escola.

1498 — Um grego raptou o ícone, saiu da ilha de Creta e desembarcou em Veneza. Trabalhou durante um ano na cidade, quando decidiu mudar para Roma.

1499 — Nossa Senhora, então, apareceu ao citado grego, insistindo com ele para que colocasse o ícone para o culto público.

27/03/1499 — O ícone é colocado na igreja São Mateus. Diz o relato que isso ocorreu no tempo do papa espanhol Alexandre VI.

1518 — O frei franciscano Mariano da Firenze, no guia de peregrinos em Roma, *Itinerarium Urbis Romae*, escreveu: "há o ícone da Madonna roubado na ilha de Cândia".

1715 — A pregação do jesuíta Concezio Carrocci foi a primeira fala sobre o assunto.

1732 — A fundação dos Missionários Redentoristas.

1780 — O irmão Agostino Orsetti falou sobre o ícone; o coroinha Miguel Marchi o escutou.

1796-1797 — Napoleão invade o território Pontifício.

03/07/1798 — A demolição da igreja de São Mateus foi feita pelo general André Masséna. Os Agostinianos mudam-se, então, para Santo Eusébio.

1819 — Pio VII entregou o mosteiro Santo Eusébio aos jesuítas. Os Agostinianos vão para a igreja Santa Maria, em

Posterula (perto da ponte Umberto I, que atravessa o rio Tibre), e levam o ícone do Perpétuo Socorro. Contudo, já havia lá a imagem de Nossa Senhora das Graças, então o ícone ficou esquecido e permaneceu em segundo plano.

1855 — Chegada dos Redentoristas a Roma. Os Missionários Redentoristas compram, no Monte Esquilino, a Villa Caserta da família Caetano, nas ruínas de São Mateus, na rua Merulana. Miguel Marchi inicia o noviciado.

11/12/1865 — O superior dos Redentoristas, Pe. Nicolau Mauron (suíço), pede o ícone ao papa. O papa Pio IX escreve, no verso do documento de petição: "O Cardeal Prefeito da Propaganda chamará o Superior da comunidade de Santa Maria in Posterula e lhe dirá que é nosso desejo que a imagem da Santíssima Virgem, à qual se refere esta petição, seja de novo colocada entre São João e Santa Maria Maior; os Redentoristas vão substituí-la por outro quadro adequado". O papa diz: "Fazei-na conhecida no mundo inteiro".

19/01/1866 — Pe. Marchi e Pe. Bresciani buscaram o ícone na igreja Santa Maria in Posterula.

1866 — Restauração feita por Leopoldo Nowotny, polonês (fevereiro-março).

26/04/1866 — Colocação do ícone na igreja redentorista em Roma (nesse dia celebrava-se a festa do terceiro papa São Cleto, e de Nossa Senhora do Bom Conselho).

26, 27 e 28/04/1866 — O tríduo solene aconteceu na igreja de Santo Afonso.

05/05/1866 — Pio IX visita pessoalmente a igreja de Santo Afonso e recebe uma cópia do ícone.

23/06/1867 — Coroação do ícone por delegação do cabido do Vaticano.

23/05/1871 — Criação da Pia União (Confraria) de Nossa Senhora do Perpétuo Socorro, na igreja de Santo Afonso, em Roma.

1876 — Instituição da festa litúrgica de Nossa Senhora do Perpétuo Socorro para o dia 26 de junho. Elevação da

Confraria a Arquiconfraria do Perpétuo Socorro e de Santo Afonso — "Quod in maiorem".

1893 — Chegada dos Missionários Redentoristas alemães ao Brasil, em Campinas (GO).

1922 — "Novendialia" — Pe. André Brown, de Saint Louis, EUA.

1927-1928 — Oficializado o nome "Novena Perpétua", que já existia desde 1922.

30/06/1991 — João Paulo II visita a Igreja de Santo Afonso, em Roma, e reza perante o ícone... lembrando os tempos de Cracóvia.

1994 — O ícone é examinado pelo Laboratório de Investigação Científica do Vaticano, por meio do processo do carbono 14, quando aparecem duas novas teorias quanto à idade do ícone. Maurizio de Luca restaura o ícone.

1995 — Restauração do altar-mor, em Roma, harmonia estética no conjunto do presbitério.

2014 — Congresso em Campina Grande e escolha do tema do Ano Jubilar: "Mãe do Perpétuo Socorro, ícone do Amor".

2015-2016 — Ano Jubilar do 150° aniversário da entrega do ícone aos Redentoristas.

2019-2022 — Preparação para o Jubileu dos cem anos da Novena Perpétua.

Ato de consagração a Nossa Senhora

Eu vos saúdo, ó Maria, Mãe do Perpétuo Socorro. Eu vos saúdo, Rainha do céu e da terra, a cujo império está sujeito tudo o que existe abaixo de Deus. Eu vos saúdo, Refúgio dos pecadores, cuja misericórdia jamais falhou. Atendei à vontade que tenho de possuir o Amor Eterno, a graça de Deus, a salvação eterna.

Dai-me a graça de ser discípulo de Jesus na santidade dos costumes, no cumprimento dos deveres, no zelo da salvação das almas. Transformai a minha vida em um santuário de virtude, onde Jesus seja o centro. Recebei, ó Maria, meus votos e desejos, e ofertai-os a Jesus. Quero que ele receba, por vossas mãos, os meus obséquios, e por vosso coração, o meu coração.

Consagro-me, pois, inteiramente a vós, e ponho-me inteiramente em vossas mãos. Em vossas mãos, eu renovo as promessas do meu Batismo; renuncio ao demônio, às suas obras, às suas pompas. Em vossas mãos, eu me comprometo a levar a minha cruz, obrigando-me a imitar-vos. Em vossas mãos, eu deposito o propósito de ser fiel a Jesus, mais fiel do que tenho sido até agora.

Ó Maria, eu vos escolho por minha Mãe e Mestra. Eu vos consagro tudo o que tenho e tudo o que sou. Eu vos dou o meu corpo, a minha alma, os meus bens, o meu passado, o meu presente, o meu futuro, as minhas alegrias, as minhas dores, a minha vida, a minha morte, a minha eternidade. Disponde de mim como vos aprouver. Recebei este meu ato de amor: quero ser vosso(a) para ser de Jesus. Santa Mãe do Perpétuo Socorro, abençoai-me! Amém!

Oração do Ano Jubilar

Ó Mãe do Perpétuo Socorro, Ícone de amor,

Vosso olhar compassivo perscruta nosso sofrimento,

E aquele de Jesus nos faz confiar no amor do Pai.

Ajudai-nos a fazer-vos conhecida ainda mais,

A ser missionários da beleza, da bondade e da alegria do Evangelho.

Abri nosso coração ao grito de quem está sem esperança, para que todos creiam.

Ensinai-nos a guardar a Palavra no coração,

E a fazer tudo o que o vosso Filho, nosso Redentor, nos pede para fazer.

Dai-nos caminhar convosco, com a luz grandiosa da fé, a iluminar nossos passos.

Assim poderemos, um dia, contemplar convosco o rosto do Pai,

Que com o Filho e o Espírito Santo vive e reina para sempre. Amém.

Mensagem final

A contemplação do ícone nos conduz naturalmente ao anúncio da Palavra de Deus. Trata-se de anunciar a alegria do Evangelho. Propomos especialmente a leitura e a meditação dos quatro Evangelhos, enquanto proposta explícita de discipulado de Jesus e também porque são eles que nos revelam a realização plena da copiosa Redenção. É dos Evangelhos, como expressão de fé em Jesus das primeiras comunidades, testemunhada até o martírio, que deverá brotar uma nova convocação para o compromisso sociolibertador, diretamente vinculado ao modo de ser e de agir de Jesus em relação a todos os "pequenos" do seu tempo. Que em cada novena haja sempre um momento de evangelização através da homilia ou catequese. Aconselhamos a usar um roteiro catequético com leituras apropriadas a cada tema, por exemplo: sobre os sete sacramentos, sobre as virtudes, sobre as parábolas do Reino etc., ou seguindo uma catequese sistemática (os quatro olhares para o ícone). Outro aspecto fundamental da Novena são os gestos simbólicos, como o beijo, o toque, a imposição das mãos, os recados escritos a Nossa Senhora etc. Eles fazem parte da sacramentalidade popular, ou seja, do contato emocional do ser humano com o divino e do divino com o ser humano. Expressam afeto e respeito, e comunicam bênção e graça. Desejo uma boa e santa participação na Novena Perpétua em sua comunidade.

Rostos marianos da "Igreja em saída" segundo o Papa Francisco:

1. Uma Igreja mariana **que vive a fé** como Maria (*Lumen fidei*, 2013). Maria é o ícone perfeito da fé.

2. Uma Igreja mariana **evangeliza com "estilo mariano"** (*Evangelii gaudium*, 287). Como "Estrela da nova evangelização", Maria imprime o seu testemunho de fé e um estilo mariano na atividade evangelizadora da Igreja. As articulações marianas são justiça, ternura, contemplação e caminho.

3. Uma Igreja mariana **se posiciona diante de um mundo ferido** (*Laudato si'*, 245). Maria é a Mãe e Rainha de toda a criação.

4. Uma Igreja mariana **valoriza o amor humano e as relações familiares** (*Amoris laetitia*, 18).

5. Uma Igreja mariana **busca a santidade** (*Gaudete et exsultate*, 176).

SUMÁRIO